少林武术精粹系列丛书

少林拳（十三）

德虔　德炎　编著

北京体育大学出版社

责任编辑：姜艳艳
责任校对：曹晓燕
版式设计：李　鹤

图书在版编目（CIP）数据

少林拳. 十三 / 德虔, 德炎编著. -- 北京 : 北京体育大学出版社, 2022.1
（少林武术精粹系列丛书）
ISBN 978-7-5644-3575-2

Ⅰ. ①少… Ⅱ. ①德… ②德… Ⅲ. ①少林拳－套路(武术) Ⅳ. ①G852.15

中国版本图书馆CIP数据核字(2022)第007602号

少林拳（十三）
SHAOLINQUAN(SHISAN)
德虔　德炎　编著

出版发行：北京体育大学出版社
地　　址：北京海淀区农大南路1号院2号楼2层办公B-212
邮　　编：100084
网　　址：http://cbs.bsu.edu.cn
发 行 部：010-62989320
邮 购 部：北京体育大学出版社读者服务部 010-62989432
印　　刷：北京昌联印刷有限公司
开　　本：880mm × 1230mm　1/32
成品尺寸：148mm × 210mm
印　　张：2.5
字　　数：49千字
版　　次：2022年1月第1版
印　　次：2022年1月第1次印刷
定　　价：13.80元

前　言

武术作为中国的国粹，是中华民族传统文化的组成部分。家喻户晓的少林武术便是其中极具代表性的门类，是中国武术的重要象征。

我社与少林武术结缘已久，伴随着时光的流逝，有多种内容、多样组合、各种形式的载有少林武术的出版物，源源不断地从我社注入市场，为方兴未艾的少林武术热潮平添了更高的热度。可以说，少林武术图书一直与我社相伴相随，成为我社具有长期出版价值的图书门类。其中，少林武术图书的编纂者——已故的王长青（法号释德虔）先生功不可没。他经年累月锲而不舍，寻于寺院、觅于乡间，挖掘出大量尘封的少林武术资料，继而分门别类梳理、整饬成一册册书稿，并与我社携手努力，打造出独树一帜的武术图书板块，为我社的武术图书出版打开了新局面。

今天，在着力弘扬中华优秀传统文化，树立和增强文化自信的大背景下，我社将以往出版的少林武术书籍重新进行了编排，以全新的面貌推出“少林武术精粹系列丛书”，这是我社多年来少林武术出版情结的延续，是对积累和沉淀的少林武术资源的再一次整合与展示，更紧密契合了时代的要求。

通过这套书，读者可以研习刚柔相济、闪转腾挪的少林功夫，可以感悟其中凝结的中华智慧，可以领略武术文化的博大精深……这便是我社对这套书出版价值的期待。

目　录

二路少林金刚拳

动作名称

预备势
1.独龙出洞
2.金雕展翅
3.野马弹踢
4.怀中抱月
5.倒踢北斗
6.魁星抱斗
7.野马转峰
8.恶虎登山
9.鲁班拉钻（一）
10.鲁班拉钻（二）
11.金鸡抖膊
12.紫燕钻云（一）
13.紫燕钻云（二）
14.紫燕钻云（三）
15.乌龙摆尾（一）
16.乌龙摆尾（二）
17.独立拜佛
18.飞上天堂
19.大虎抱头
20.恶虎登攀
21.罗汉钻井
22.罗汉推窗
23.白猿出洞（一）
24.白猿出洞（二）
25.仙人转影
26.袖里炮
27.白猿出洞（一）
28.白猿出洞（二）
29.狮子摇头（一）
30.狮子摇头（二）
31.猛虎跳涧
32.黑虎登攀
33.白猿献果（一）
34.白猿献果（二）
35.罗汉钻井
36.白猿献果（三）
37.白猿献果（四）
38.金龙旋云
39.恶虎登攀
40.怪蟒翻身
41.合掌摆莲
42.败势观敌
43.沉香开山
44.倒卷霹雷
45.风卷霹雷
46.马步单鞭
47.仙人坐洞
48.将军披甲
49.过关斩将
50.张飞闯营（一）
51.张飞闯营（二）
52.过关斩将（一）
53.过关斩将（二）
54.独立拜佛
55.飞上天堂
56.弯弓射雁
57.迷糊手
58.罗汉还礼
59.罗汉合十
收　势

动作图解

预备势

身体挺直，两臂自然下垂，两手五指并拢，掌心向内，掌指向下；两腿挺直并立，两脚成八字；目视正前方。（图1）

1.独龙出洞

两脚踝地，身体向左转90度，抬右腿，原地震脚落地，同时左脚上前一步，屈膝成左弓步；两手同时变拳，由前向左向上方画弧再向下向前直臂冲出，拳心向下；目视两拳。（图2）

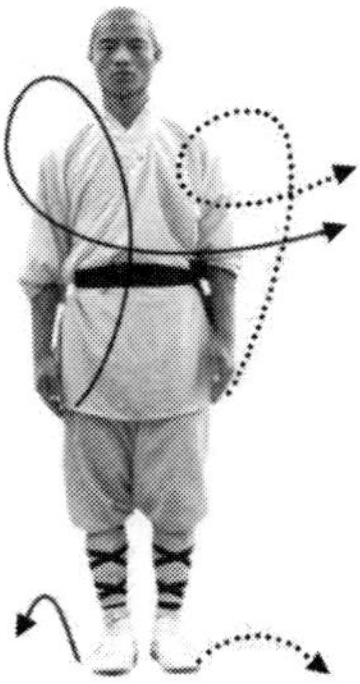

图 1

图 2

2.金雕展翅

左脚向后收回半步，脚尖点地成左虚步，右腿屈膝半蹲；同时两拳由前向上向后再向两侧下方画弧，抱于两肋外侧，拳心向内；目视前方。（图3）

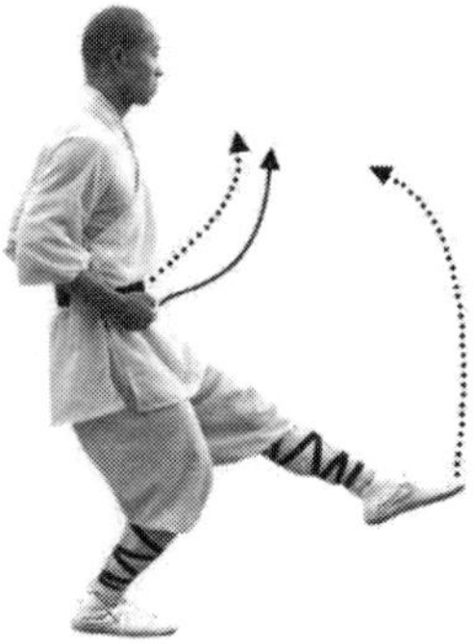

图 3

3.野马弹踢

右腿直立，速抬左腿向前猛力弹踢；两拳不变，目视前方。（图4）

4.怀中抱月

左脚在前方落地，速抬右脚上前与左脚并步站立；同时两拳迅速变掌由前向上再向两侧下方划弧外展，然后屈肘交叉，抱于胸前，左掌在内，右掌在外，两掌心斜向外，掌指向上；目视前方。（图5）

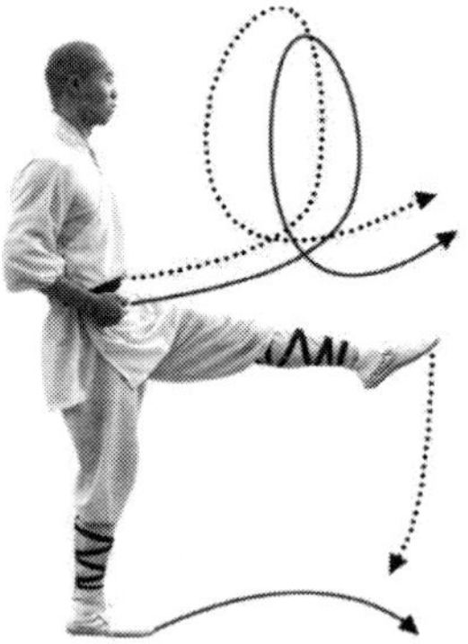

图 4

图 5

5.倒踢北斗

两脚跳起，身体向右转180度，抬右腿向前弹踢；同时两掌变拳，左拳架于左肋外侧，拳心向右，拳眼向下，右臂屈肘，右拳紧抱于左肋前侧，拳心向内，拳眼斜向上；目视右脚。（图6）

6.魁星抱斗

右脚在身体右侧落地，同时左腿提起，成独立势；两拳同时由左向右再向上向左，在胸前画弧（左拳内、右拳外），然后右拳举于头上右侧，拳心向前，左臂屈肘，左拳护于右腋下，拳心向内；目视左侧。（图7）

图 6

图 7

7.野马转峰

右脚原地不动，左脚向前猛力弹踢；两拳不变；目视左侧。（图8）

8.恶虎登山

左脚落地，两脚踝地，身体向左转90度，左腿屈膝成左弓步；右拳由后向前直臂冲出，拳心向下，高与肩平，左臂屈肘，左拳抱于左肋前下侧，拳心向上；目视右拳。（图9）

图 8

图 9

9.鲁班拉钻（一）

左脚不动，速抬右脚向前弹踢；同时左拳向前直臂冲出，拳心向下，右臂屈肘，右拳收回，抱于右肋前，拳心向内；目视左拳。（图10）

10.鲁班拉钻（二）

右脚落地，速抬左脚向前弹踢；同时右拳向前直臂冲出，拳心向下，左臂屈肘，左拳收回，抱于左肋前，拳心向上；目视右拳。（图11）

图 10

图 11

11.金鸡抖膊

左脚落地，抬右脚在左脚前半步落地，成叉步；两拳变掌向前后展开，左掌在前，右掌在后，两掌心向外，掌指向上；目视左掌。（图12）

图 12

12.紫燕钻云（一）

两脚跳起，右腿向前上方弹踢；当全身腾空时，速出右掌由上

向下拍击右脚面，左掌变勾手后架于左后上方，勾尖向下；目视右掌。（图13）

13.紫燕钻云（二）

右脚不落地，左脚落地后迅速跳起，向前上方弹踢；当全身腾空时，左勾手迅速变掌由上向下拍击左脚面，右掌变勾手后架于右侧后上方，勾尖向下；目视左掌。（图14）

图 13

图 14

14.紫燕钻云（三）

左脚不落地，右脚落地后迅速跳起，向前上方弹踢；当全身腾空时，右勾手迅速变掌由上向下拍击右脚面，左掌变勾手后架于左后上方，勾尖向下；目视右掌。（图15）

15.乌龙摆尾（一）

两脚落地，右脚落于左脚前，迅速抬左脚向右后方踹蹬；同时右掌下落右后侧，用力拍击左脚掌内侧；左勾手变掌展于前上方，掌心斜向前，掌指斜向上；目视右侧。（图16）

图 15

图 16

16.乌龙摆尾（二）

右脚蹍地，身体向右转180度，左脚不落地，迅速外摆；左掌迅速下落，由上向下拍击左脚掌外侧，右掌展于头上前方，拳心斜向上，掌指向左；目视左侧。（图17）

17.独立拜佛

右脚不动，左腿提膝；两臂屈肘，两掌收回胸前合掌；目视两掌。（图18）

图 17

图 18

18.飞上天堂

左脚不落地，右脚离地跳起向右上方弹摆；当全身腾空时，速出两掌由右向左拍击右脚面；目视两掌。（图19）

19.大虎抱头

两脚落地，右腿屈膝成右弓步；同时两掌变拳，左拳向前猛击，拳心向下，右拳横架于头上前方，拳心向前；目视左拳。（图20）

图 19

图 20

20.恶虎登攀

两脚踉地，身体向左转180度，左腿屈膝成弓步；右拳由右向左前方冲击，拳心向下，左拳横架于头上前方，拳心向前；目视右拳。（图21）

21.罗汉钻井

抬右脚，在左脚前半步落地，两脚踉地，身体向左转90度，抬左脚落于右脚后外侧半步，成叉步，两腿屈膝全蹲成歇步；右拳向右下方直臂栽击，拳心斜向下；左拳横架于头上前方，拳心向前，拳眼斜向下；目视右拳。（图22）

图 21

图 22

22.罗汉推窗

起身，右脚向右跨半步，两脚离地，向右横跳，两脚相距一步落地，两脚踝地，身体向右转90度，右腿屈膝成右弓步；同时两拳变掌，在胸前向上向后抡转，然后向前直臂推出，两掌心向前，掌指向上；目视两掌。（图23）

23.白猿出洞（一）

两脚踝地，身体向左转180度，成左弓步；两掌变拳，左拳迅速向前直臂猛冲，拳心向下，右臂屈肘，右拳收抱于右肋下，拳心向上；目视左拳。（图24）

图 23

图 24

24.白猿出洞（二）

左脚不动，右脚抬起上步，落于左脚前一步，屈膝成右弓步；右拳向前直臂猛冲，拳心向下，左臂屈肘，左拳收抱于左肋下，拳心向上；目视右拳。（图25）

25.仙人转影

两脚踬地，身体向左转90度，右脚向左移半步成左虚步；同时左拳向前直臂冲击，拳心向下，右拳收回，屈肘护于左肘前侧，拳心斜向内；目视左拳。（图26）

图 25

图 26

26.袖里炮

右脚不动，左脚后撤落于右脚后半步成高弓步；右拳迅速直臂前冲，拳心向下，左臂屈肘，左拳收抱于右腋下，拳心向内；目视右拳。（图27）

27.白猿出洞（一）

两脚踉地，身体向左转180度，左脚上半步屈膝成左弓步；同时左拳变掌，向前猛推，掌心向前，掌指向上，右臂屈肘，右拳收抱于右肋下，拳心向上；目视左掌。（图28）

图 27

图 28

28.白猿出洞（二）

左脚不动，右脚抬起落于左脚前一步，屈膝成右弓步；右拳向前直臂猛冲，拳心向下，左臂屈肘，左掌收回变拳，抱于左肋下，拳心向上；目视右拳。（图29）

29.狮子摇头（一）

两脚踝地，身体向左转180度，左腿屈膝成左弓步；同时两拳由外向里上下扣打，左拳在下，右拳在上，两拳心向内；目视前方。（图30）

图 29

图 30

30.狮子摇头（二）

两脚踝地，身体向右转180度，右腿屈膝成右弓步；两拳同时由外向里上下扣打，左拳在上，右拳在下，两拳心向内；目视前方。（图31）

31.猛虎跳涧

两脚踝地，身体向左转90度，两脚离地，向左横跳一步落地，右腿屈膝，左腿伸直，全蹲成仆步；两拳变掌按地，两掌心向下，掌指斜相对；目视左侧。（图32）

图 31

图 32

32.黑虎登攀

起身，两脚踝地，身体向左转90度；两掌由后向前迎穿，两臂微屈，两手在胸前合掌，掌指向前；目视前方。（图33）

图 33

33.白猿献果（一）

两脚踱地，身体向右转180度，左脚向后提起；右掌迅速变拳，由后向前冲出，高于肩平，拳心向左，左臂屈肘于胸前，左掌拍于右上臂内侧；目视右拳。（图34）

34.白猿献果（二）

左脚前上一步落地，右腿向后提起；左掌变拳，迅速由后向前猛冲，拳心向右，右臂屈肘，右拳收抱于右肋侧，拳心向上；目视左拳。（图35）

图 34

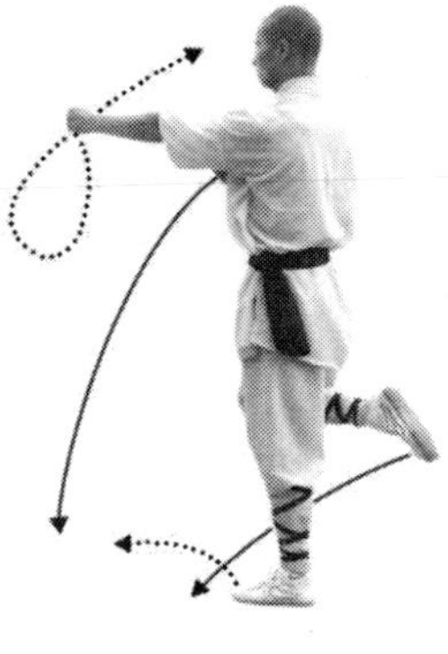

图 35

35.罗汉钻井

右脚在前方落地，两脚踱地，身体向左转90度，速抬左脚落于右脚后外侧半步成叉步，两腿屈膝全蹲成歇步；右拳向右侧下方猛力栽击，拳心斜向后，左拳架于头上前方，拳心斜向上；目视右侧。（图36）

36.白猿献果（三）

起身，两脚踝地，身体向左转270度，右脚向后提起；左拳随转身迅速前冲，拳心向右，右臂屈肘，右拳收抱于左肋侧，拳心向上；目视左拳。（图37）

图 36

图 37

37.白猿献果（四）

右脚上一步落地，左脚向后提起；右拳向前猛冲，拳心向左，左拳横架于头上前方，拳心斜向上；目视右拳。（图38）

38.金龙旋云

左脚在右脚后一步落地，两脚迅速跳起，身体向左转360度，右脚落地，左脚在右腿后提起；两拳同时变掌，随转体外展，左掌推于前方，掌心向前，掌指斜向上，右掌展于右侧前上方，掌心向前，掌指斜向上；目视前方。（图39）

图 38

图 39

39.恶虎登攀

左脚在右脚后一步落地，两脚踉地，身体向左转180度；两掌同时变拳，右拳由后向前下方猛冲，拳心向左，左拳横架于头上前方，拳心向前；目视前方。（图40）

40.怪蟒翻身

两脚跳起，身体向右转270度，两脚落地成右弓步；左拳向左侧平扫，右臂屈肘，右拳护于右肋前，两拳心向前；目视左拳。（图41）

图 40

图 41

41.合掌摆莲

左脚内收半步，速抬右脚向右摆踢；两拳变掌，两掌在胸前合掌后，迅速出掌由右向左拍击右脚面；目视两掌。（图42）

42.败势观敌

右脚在左脚右侧一步落地，屈膝成右弓步；两掌下落于胸前，而后左掌迅速向左侧推出，掌心向左，掌指斜向上，右掌横架于头上前方，掌心向前，掌指斜向左；目视左掌。（图43）

图 42

图 43

43.沉香开山

两脚蹍地，身体向左转90度，提右腿成独立势；同时右掌由后向前猛推，掌心向前，掌指向上，左臂胸前屈肘，左掌拍于右上臂内侧，掌心向右，掌指向上；目视右掌。（图44）

44.倒卷霹雷

右脚不落地，左脚离地弹起，向右上方旋踢，身体向右转180

度；当全身腾空时，速出右掌由右向左拍击左脚掌内侧，左掌外展于左侧上方，掌心向外，掌指向上；目视右掌。（图45）

图 44

图 45

45.风卷霹雷

右脚落地，左脚不落地，右脚再迅速离地，弹起向左上方旋踢，身体向左转180度；当全身腾空时，速出左掌由左向右拍击右脚掌内侧，右掌外展于右侧上方，掌心向外，掌指斜向上；目视左掌。（图46）

46.马步单鞭

两脚落地，而后两脚蹍地，身体向左转90度，两腿屈膝成马步；两臂屈肘，两掌落于胸前，然后迅速向左右两侧分推，掌心向外，掌指向上；目视前方。（图47）

图 46

图 47

47.仙人坐洞

右脚抬起落于左脚后外侧半步，屈膝全蹲成歇步；两掌从两侧向下背于身后；目视前方。（图48）

48.将军披甲

起身，右脚抬起，落于左脚内侧半步，两腿屈膝成马步；两掌由身后向两侧下方再向上屈肘交叉于两肩前，左掌在内，右掌在外；目视前方。（图49）

图 48

图 49

49.过关斩将

两脚踩地，身体向左转90度，抬右脚向前溜地泼踢；右掌由前向右后扒甩于身后右侧，掌心向后，掌指斜向下，左掌变拳护于肋前，掌心向内，拳眼向上；目视前方。（图50）

50.张飞闯营（一）

右脚向前一步，屈膝成右弓步；右掌收回，左拳变掌，然后两掌由前上方向两侧身后猛甩，两掌心斜向上，掌指斜向下；目视前方。（图51）

图 50

图 51

51.张飞闯营（二）

两腿不变；两掌由身后向前交叉护于胸前，左掌在内，右掌在外，两掌心向内，掌指斜向上；目视前方。（图52）

52.过关斩将（一）

右脚不动，左脚抬起，向前溜地弹踢；两掌由前上方向左扒甩，左掌甩于身后左侧，掌心向左，掌指斜向下，右掌甩于左肋

下，掌心斜向下，掌指斜向下；目视前方。（图53）

图 52

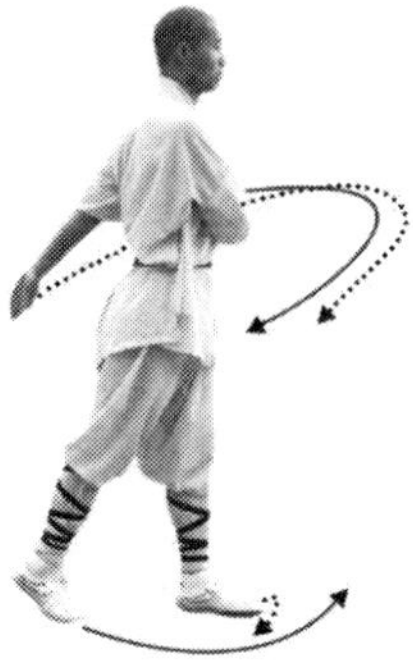

图 53

53.过关斩将（二）

左脚落地，右脚抬起，向前方溜地泼踢；两掌由左向前向右扒甩，右掌甩于身后右侧，掌心向左，掌指斜向下，左掌甩于右肋下，掌心斜向下，掌指斜向下；目视前方。（图54）

54.独立拜佛

右脚于左脚后半步落地，两脚踉地，身体向右转180度，提左腿成独立势；两臂屈肘，两掌合掌，掌指向上拱于胸前；目视两掌。（图55）

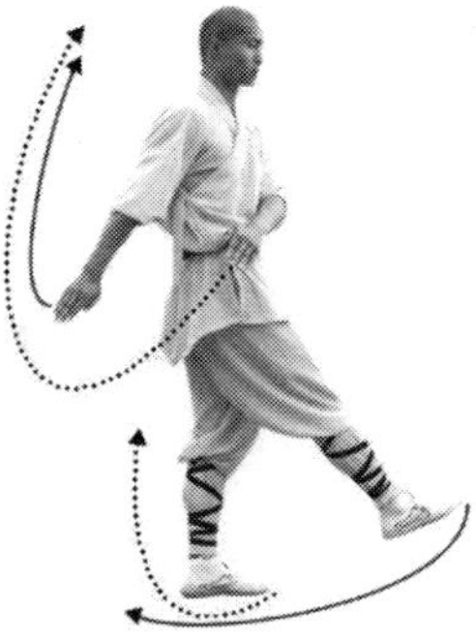

图 54

图 55

55.飞上天堂

左脚不落地，右脚速抬起，向前上方弹摆；当全身腾空时，速出双掌由右向左拍击右脚面；目视两掌。（图56）

56.弯弓射雁

两脚落地，然后两脚踝地，身体向左转90度，右腿屈膝成右弓步；两掌落于胸前交合，左掌迅速推向前方，掌心向前，掌指向上，右臂屈肘，右掌护于右肋侧，掌心斜向下，掌指斜向上；目视左掌。（图57）

图 56

图 57

57.迷糊手

抬右脚移于左脚前半步成虚步；两手由外向内交合成下叉手，左掌在内，右掌在外，掌心斜向下，两掌指斜向前；目视前方。（图58）

上述动作不停，右脚向后撤一步，落于左脚后，身体向右转180度；两手分开，再交合于胸前成下叉手，右掌在下，左掌在上，掌

心向下；目视两掌。（图59）

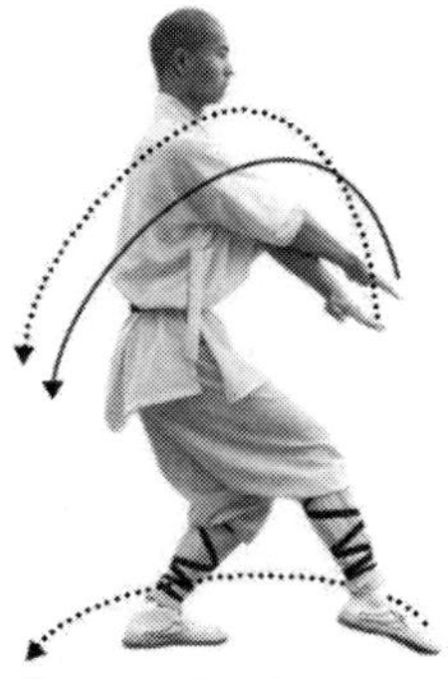

图 58

图 59

上述动作不停，左脚向右移步，落于右脚前半步成左虚步；两手同时向外旋腕，然后右手由下向上架于头上前方，掌心斜向上，掌指向左，左手由下向后甩成反勾手，勾尖向上；目视左侧方。（图60）

58.罗汉还礼

左脚撤步，与右脚并拢站立；右掌下落于胸前，左勾手变掌由后前穿在胸前，与右掌交合成下叉手，然后右掌由前向右再向上横架于头上前方，掌心向上，掌指斜向左，左掌由前向上向左再向下端于腹部，掌心向上，掌指向右；目视前方。（图61）

图 60

图 61

59.罗汉合十

两脚不动；左掌上举，与右掌共同外展，向两侧画弧，再向下向里上抱于胸前，成十字叉手，左掌在内，右掌在外，两掌心向外，掌指向上；目视前方。（图62）

收　势

两脚不动；两掌下落再向外向上向里画弧，然后下落于两胯外侧，掌心向内，掌指向下；目视正前方。（图63）

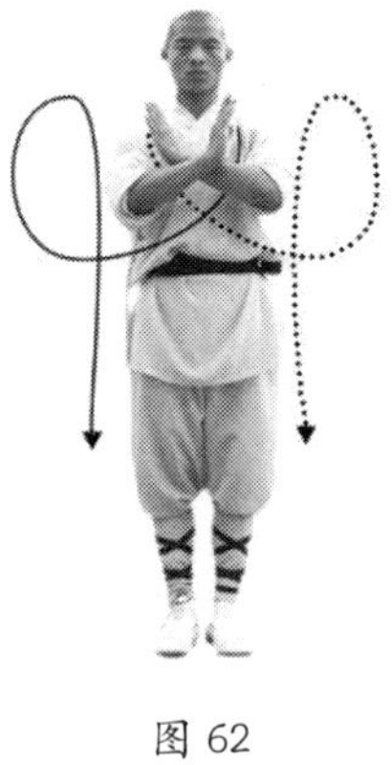

图 62

图 63

三路少林金刚拳

动作名称

预备势
1.独龙出洞
2.金雕展翅
3.野马弹踢
4.怀中抱月
5.倒踢北斗
6.魁星抱斗
7.野马转峰
8.恶虎登山
9.鲁班拉钻
10.雀地龙
11.单手摘月
12.燕子啄食
13.过关斩将（一）
14.过关斩将（二）
15.闭门推月
16.罗汉推窗（一）
17.罗汉推窗（二）
18.狮子揪球（一）
19.狮子揪球（二）
20.单刀插鼠
21.黄忠抢关
22.连珠炮（一）
23.连珠炮（二）
24.连珠炮（三）
25.大虎抱头
26.黑风卷地
27.马步四平
28.金豹扣爪（一）
29.金豹扣爪（二）
30.哪吒搅海（一）
31.哪吒搅海（二）
32.哪吒搅海（三）
33.哪吒搅海（四）
34.八步赶铲（一）
35.八步赶铲（二）
36.八步赶铲（三）
37.八步赶铲（四）
38.紫燕钻云
39.风卷霹雷
40.罗汉钻井（一）
41.罗汉钻井（二）
42.独立拜佛
43.飞上天堂
44.弯弓射雁
45.迷糊手
46.罗汉还礼
47.罗汉合十
收　势

动作图解

预备势

身体挺直，两臂自然下垂，两手五指并拢，掌心向内，掌指向下；两腿挺直并立，两脚成八字；目视正前方。（图1）

1.独龙出洞

两脚踉地，身体向左转90度，抬右腿，原地震脚落地，同时左脚上前一步，屈膝成左弓步；两手同时变拳，由前向左向上方画弧再向下向前直臂冲出，拳心向下；目视两拳。（图2）

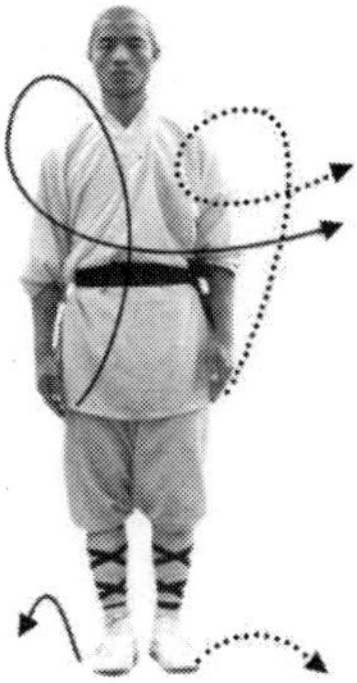

图 1

图 2

2.金雕展翅

左脚向后收回半步，脚尖点地成左虚步，右腿屈膝半蹲；同时两拳由前向上向后再向两侧下方画弧，抱于两肋外侧，拳心向内；目视前方。（图3）

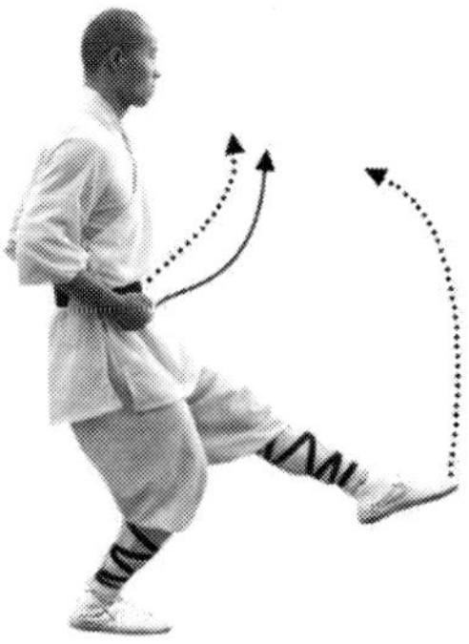

图 3

3.野马弹踢

右腿直立，速抬左腿向前猛力弹踢；两拳不变；目视前方。（图4）

4.怀中抱月

左脚在前方落地，速抬右脚上前与左脚并步站立；同时两拳迅速变掌由前向上再向两侧下方划弧外展，然后屈肘交叉，抱于胸前，左掌在内，右掌在外，两掌心斜向外，掌指向上；目视前方。（图5）

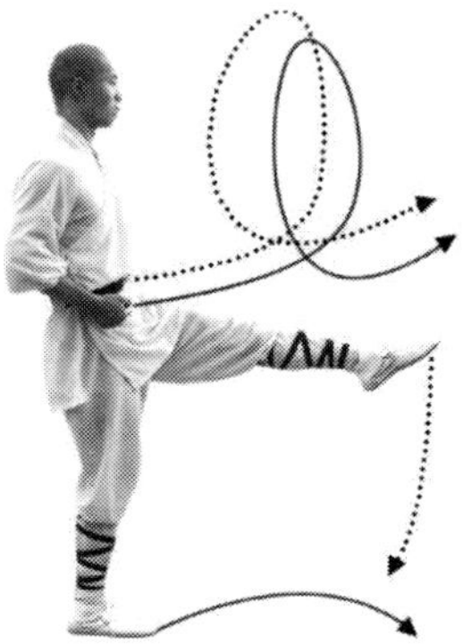

图 4

图 5

5.倒踢北斗

两脚跳起，身体向右转180度，抬右腿向前弹踢；同时两掌变拳，左拳架于左肋外侧，拳心向右，拳眼向下，右臂屈肘，右拳紧抱于左肋前侧，拳心向内，拳眼斜向上；目视右脚。（图6）

6.魁星抱斗

右脚在身体右侧落地，同时左腿提起，成独立势；两拳同时由左向右再向上向左，在胸前画弧（左拳内、右拳外），然后右拳举于头上右侧，拳心向前，左臂屈肘，左拳护于右腋下，拳心向内；目视左侧。（图7）

图 6

图 7

7.野马转峰

右脚原地不动，左脚向前猛力弹踢；两拳不变；目视左侧。（图8）

8.恶虎登山

左脚落地，两脚踝地，身体向左转90度，左腿屈膝成左弓步；右拳由后向前直臂冲出，拳心向下，高与肩平，左臂屈肘，左拳抱于左肋前下侧，拳心向上；目视右拳。（图9）

图 8

图 9

9.鲁班拉钻

左脚不动，抬右脚向前方弹踢；左拳由后向前方冲出，拳心向下，右臂屈肘，右拳收回抱于右肋前，拳心向上；目视左拳。（图10）

10.雀地龙

右脚不落地，左脚离地向右脚前弹跳，两脚落地成左仆步；左拳变掌，向左穿于左脚内侧上方，掌心向前，掌指斜向下，右拳变勾手，后勾手右侧上方，勾尖向下；目视左掌。（图11）

11.单手摘月

起身，右脚前上一步，落地站立，左脚向后提起；右勾手变

掌，向前上方伸出，掌心向下，掌指向前；左臂屈肘，左拳护于左肋前，掌心向外，掌指斜向前；目视右掌。（图12）

图 10

图 11

12.燕子啄食

左脚向后一步落地，两脚踝地，身体向左转90度；右腿屈膝全蹲成仆步；左掌由右向左穿于左脚内侧上方，掌心向前，掌指斜向下；右掌下落于胸前，再向右上方展开，掌心向前，掌指向上；目视左掌。（图13）

图 12

图 13

13.过关斩将（一）

起身，两脚踉地，身体向左转90度，抬右脚向前溜地泼踢；两臂屈肘，两掌收回胸前，掌心相对，掌指斜向上；目视前方。（图14）

14.过关斩将（二）

右脚落地，抬左脚向前溜地泼踢；左掌由前扒甩于左侧后方，掌心向后，掌指斜向下，右掌由前扒甩于左跨前，掌心向右，掌指向前；目视前方。（图15）

图 14　　图 15

15.闭门推月

左脚在前落地，两脚踉地，身体向右转180度，左脚上步，落于右脚前一步，两脚再踉地，身体向右转180度，右腿屈膝成右弓步；两掌随转体迅速向前推出，掌心向前，掌指向上；目视两掌。（图16）

16.罗汉推窗（一）

两脚蹍地，身体向左转180度，两脚跳起，向前一大步落地，左腿屈膝成左弓步；两掌在跳步的同时变拳向前方上架，然后再猛力双推于正前方，两拳心向下，拳眼相对；目视两拳。（图17）

图 16

图 17

17.罗汉推窗（二）

两脚蹍地，身体向右转180度，两脚跳起，向前一大步落地，右腿屈膝成右弓步；两拳变掌在跳步的同时向前上方上架，然后再猛力双推于正前方，两掌心向前，掌指向上；目视两掌。（图18）

18.狮子揪球（一）

抬左脚上前半步落地，右腿伸直，速抬左脚向前方弹踢；同时两掌由前向左侧后方扒甩外展，两掌心斜向外，掌指斜向上；目视右脚。（图19）

图 18

图 19

19.狮子揪球（二）

左脚落地，两地踝地，身体向左转180度，抬左脚向前弹踢；同时两掌由后向前再向两侧后扒甩展出，两掌心向后，掌指斜向下；目视左脚。（图20）

20.单刀插鼠

左腿在前方一步落地，屈膝成左弓步；两掌同时变拳，右拳由后向前猛力栽击于左膝内侧，拳心向后，左臂屈肘，左拳抱于左肋前；目视右拳。（图21）

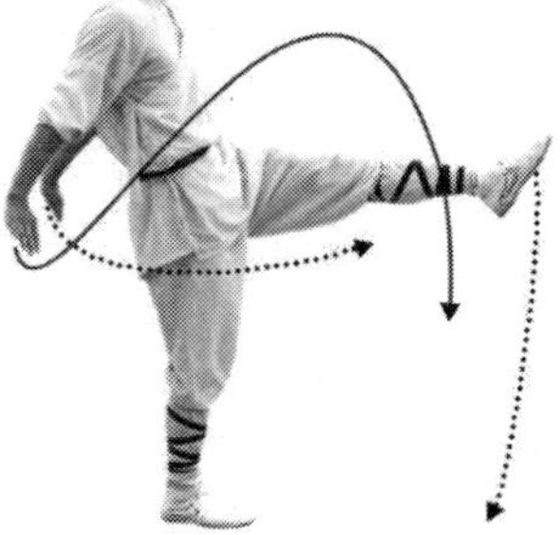

图 20

图 21

21.黄忠抢关

右脚抬起，在左脚前半步震脚落地，左脚抬起落在右脚前一步，两脚蹍地，身体向右转90度，两腿屈膝成马步；左拳变掌向左侧插击，掌心向前，右拳上举于右侧上方，拳心向前；目视左掌。（图22）

22.连珠炮（一）

两脚蹍地，身体向左转90度，而后两脚向前跳半步，左腿屈膝成左弓步；右拳由后向前直冲，拳心向下，左臂屈肘，左掌变拳护于左肋前，拳心向上；目视右拳。（图23）

图 22

图 23

23.连珠炮（二）

两脚向前跳，左脚落于右脚前一步，屈膝成左弓步；左拳随前进的同时用力前冲，拳心向下，右臂屈肘，右拳收抱于右肋前，拳心向上；目视左拳。（图24）

24.连珠炮（三）

两脚向前跳，左腿落于右脚前一步，屈膝成左弓步；右拳随前进的同时，用力前冲，拳心向下，左臂屈肘，左拳收抱于左肋前；目视右拳。（图25）

图 24

图 25

25.大虎抱头

两脚跳起，身体向右转270度，两脚相距一步落地，右腿屈膝成右弓步；在转体的同时，左拳向前下方栽击，拳心向内，右拳横架于头上前方，拳心斜向前，拳眼斜向左；目视左侧。（图26）

26.黑风卷地

左脚内收半步全蹲，右腿伸直，由右向左扫腿，身体向左转180度；在扫腿的同时，两拳变掌，下展左脚两侧；目视右腿。（图27）

图 26

图 27

27.马步四平

以左脚为轴，右腿伸直，向左继续扫腿，身体向左转180度，起身，两腿屈膝成马步；两掌由胸前向两侧外推展开，两掌心向外，掌指向上；目视前方。（图28）

28.金豹扣爪（一）

两脚踉地，身体向左转90度，速抬右脚向前扣踢；同时左掌由左向右拍击右脚掌内侧，右掌展于身体右侧后上方，掌心向外，掌指向上；目视左掌。（图29）

图 28

图 29

29.金豹扣爪（二）

右脚落地，左脚再向前抬腿扣踢；同时右掌由右向左拍击左脚掌内侧，左掌外展于身后上方，掌心向外，掌指向上；目视右掌。（图30）

图 30

30.哪吒搅海（一）

左脚收回，落于右腿后一步站立，速抬右脚向后提于左腿后，成独立势；两掌在两侧向后抡转展出，右掌展于头上右侧，掌心向外，掌指

斜向上，左掌展于左前侧，掌心向前，掌指向上；目视前方。（图31）

31.哪吒搅海（二）

右脚在后落地站立，速抬左脚向后提于右腿后；两掌继续向后抡转外展，右掌前展于身前右侧，掌心向前，掌指斜向上，左掌上展于头上左侧，掌心向外，掌指向右；目视前方。（图32）

图 31

图 32

32.哪吒搅海（三）

左腿在后落地站立，速抬右脚向后提于左腿后；两掌向后抡转外展，左掌展于身前左侧，掌心向前，掌指向上，右掌展于头上右侧，掌心向外，掌指斜向上；目视前方。（图33）

33.哪吒搅海（四）

右脚在后落地站立，左腿提起，脚尖下垂，成独立势；两掌向后抡展，而后右掌展于前，掌心向前，掌指向上，左掌外展于左侧上方，掌心斜向外，掌指向上；目视右掌。（图34）

图 33

图 34

34.八步赶铲（一）

左脚向前一步落地站立，右脚向后提起；两掌由前下向后上方两侧左右抡转拔打，右掌外展于右侧上方，掌心向外，掌指向左，左掌前展于左侧前方，掌心向前，掌指向上；目视前方。（图35）

35.八步赶铲（二）

右脚向前一步落地站立，左腿向后提起；两掌继续向前拔打，右掌前展于右侧前方，掌心向前，掌指向上，左掌外展于左侧上方，掌心向上，掌指向右；目视前方。（图36）

图 35

图 36

36.八步赶铲（三）

左脚向前一步落地站立，右脚向后提起；两掌继续向后拨打外展，右掌外展于右侧上方，掌心向外，掌指向左，左掌展于右侧前方，掌心向前，掌指向上；目视前方。（图37）

37.八步赶铲（四）

右脚前上一步落地站立，左脚向后提起；两掌继续由前向后上方抡转拨打外展，右掌前展于右侧前方，掌心向前，掌指向上，左掌外展于左侧上方，掌心向上，掌指向右；目视前方。（图38）

图 37

图 38

38.紫燕钻云

左脚由后向前抬起，右脚离地，向前上方弹踢；当全身腾空时，速出右掌由上向下拍击右脚面，左掌架于左后方，掌心向外，掌指向上；目视右掌。（图39）

39.风卷霹雷

左脚落地，右脚在左脚前半步落地，两脚踝地，再跳起，身体向左转360度，右脚尽力向左上方旋踢；当全身腾空时，速出左掌由左向右拍击右脚掌内侧，右掌外展于右侧，掌心斜向外，掌指斜向上；目视左掌。（图40）

图 39

图 40

40.罗汉钻井（一）

两脚前后相距一步落地，两脚踝地，身体向左转90度，抬左脚落于右脚后外侧半步，两腿屈膝全蹲成歇步；同时两掌变拳，右拳向右侧下方栽击，拳心斜向下，左拳横架于头上前方，拳心斜向前；目视右拳。（图41）

41.罗汉钻井（二）

起身，左脚抬起，向左横跨一步落地，右脚也紧随抬起，落于左脚后外侧半步，两腿屈膝全蹲成歇步；左拳再向左侧下方栽击，拳心

斜向下，右拳横架头上前方，拳心斜向前；目视左拳。（图42）

图 41

图 42

42.独立拜佛

右脚于左脚后半步落地，两脚踮地，身体向右转90度，提左腿成独立势；两臂屈肘，两掌合掌，掌指向上拱于胸前；目视两掌。（图43）

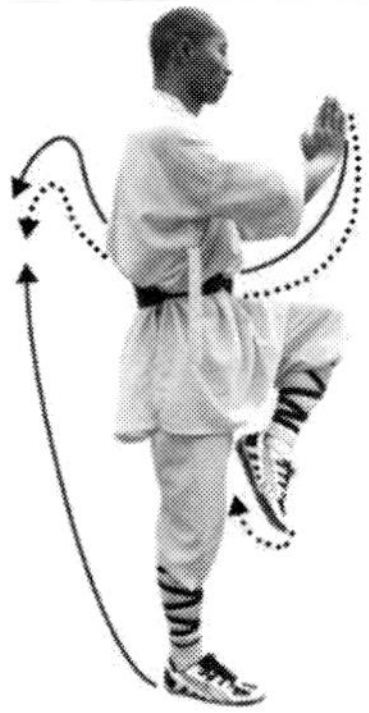

图 43

43.飞上天堂

左脚不落地，右脚离地跳起向前上方弹摆；当全身腾空时，速出双掌由右向左拍击右脚面；目视两掌。（图44）

44.弯弓射雁

两脚落地，然后两脚蹍地，身体向左转90度，右腿屈膝成右弓步；两掌落于胸前交合，左掌迅速推向前方，掌心向前，掌指向上，右臂屈肘，右掌护于右肋侧，掌心斜向下，掌指斜向上；目视左掌。（图45）

图 44

图 45

45.迷糊手

抬右脚移于左脚前半步成虚步；两手由外向内交合成下叉手，左掌在内，右掌在外，掌心斜向下，两掌指斜向前；目视前方。（图46）

上述动作不停，右脚向后撤一步，落于左脚后，身体向右转180度；两手分开，再交合于胸前成下叉手，右掌在下，左掌在上，掌心向下；目视两掌。（图47）

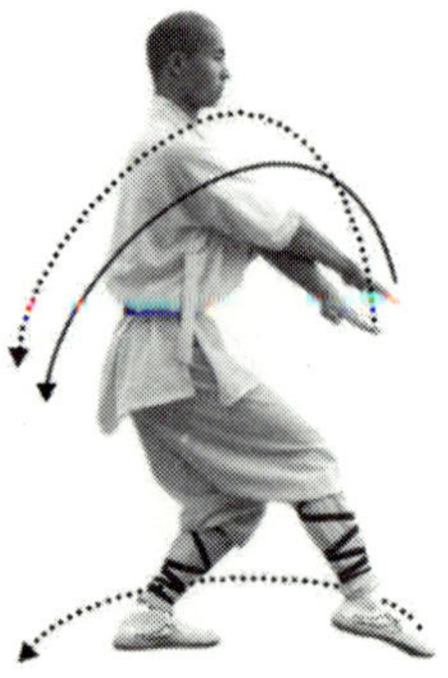

图 46

图 47

上述动作不停，左脚向右移步，落于右脚前半步成左虚步；两手同时向外旋腕，然后右手由下向上架于头上前方，掌心斜向上，掌指向左，左手由下向后甩成反勾手，勾尖向上；目视左侧方。（图48）

46.罗汉还礼

左脚撤步，与右脚并拢站立；右掌下落于胸前，左勾手变掌由后前穿在胸前，与右掌交合成下叉手，然后右掌由前向右再向上横架于头上前方，掌心向上，掌指斜向左，左掌由前向上向左再向下端于腹部，掌心向上，掌指向右；目视前方。（图49）

图 48

图 49

47.罗汉合十

两脚不动；左掌上举，与右掌共同外展，向两侧画弧，再向下向里上抱于胸前，成十字叉手，左掌在内，右掌在外，两掌心向外，掌指向上；目视前方。（图50）

收　势

两脚不动；两掌下落再向外向上向里画弧，然后下落于两胯外侧，掌心向内，掌指向下；目视正前方。（图51）

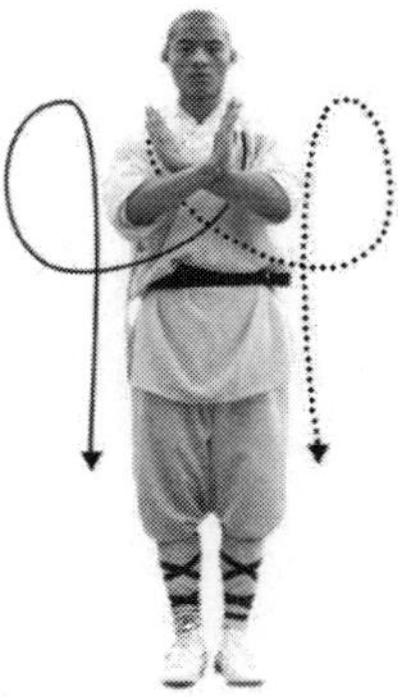
图 50

图 51

四路少林金刚拳

动作名称

预备势
1.独龙出洞
2.金雕展翅
3.野马弹踢
4.怀中抱月
5.倒踢北斗
6.魁星抱斗
7.野马转峰
8.恶虎登山
9.猛虎出架（一）
10.猛虎出架（二）
11.鲁班拉钻
12.恶虎掏心
13.猛虎出架（三）
14.猛虎出架（四）
15.开关顶门炮
16.猴子拉犁（一）
17.猴子拉犁（二）
18.猴子拉犁（三）
19.战脚抢关
20.天王甩袖
21.敬德挥鞭
22.罗汉捧月
23.独立拜佛
24.金鸡展踢
25.双峰贯耳
26.披身伏虎（一）
27.披身伏虎（二）
28.披身伏虎（三）
29.披身伏虎（四）
30.窝肚卡仓
31.张飞闯营
32.白虎望路
33.狮子洗爪（一）
34.狮子洗爪（二）
35.二龙交加
36.五花坐山
37.下海擒龙
38.青龙盘爪
39.独立拜佛
40.飞上天堂
41.弯弓射雁
42.迷糊手
43.罗汉还礼
44.罗汉合十
收　势

动作图解

预备势

身体挺直，两臂自然下垂，两手五指并拢，掌心向内，掌指向下；两腿挺直并立，两脚成八字；目视正前方。（图1）

1.独龙出洞

两脚踬地，身体向左转90度，抬右腿，原地震脚落地，同时左脚上前一步，屈膝成左弓步；两手同时变拳，由前向左向上方画弧再向下向前直臂冲出，拳心向下；目视两拳。（图2）

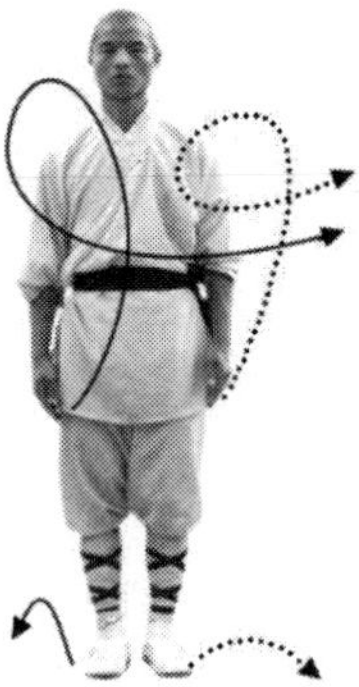

图 1

图 2

2.金雕展翅

左脚向后收回半步，脚尖点地成左虚步，右腿屈膝半蹲；同时两拳由前向上向后再向两侧下方画弧，抱于两肋外侧，拳心向内；目视前方。（图3）

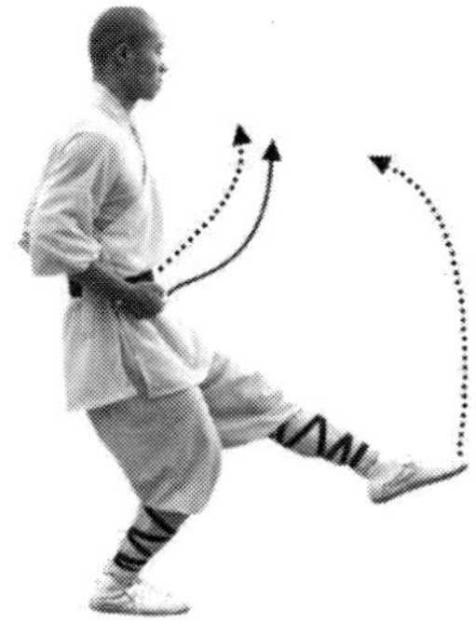

图 3

3.野马弹踢

右腿直立，速抬左腿向前猛力弹踢；两拳不变；目视前方。（图4）

4.怀中抱月

左脚在前方落地，速抬右脚上前与左脚并步站立；同时两拳迅速变掌由前向上再向两侧下方划弧外展，然后屈肘交叉，抱于胸前，左掌在内，右掌在外，两掌心斜向外，掌指向上；目视前方。（图5）

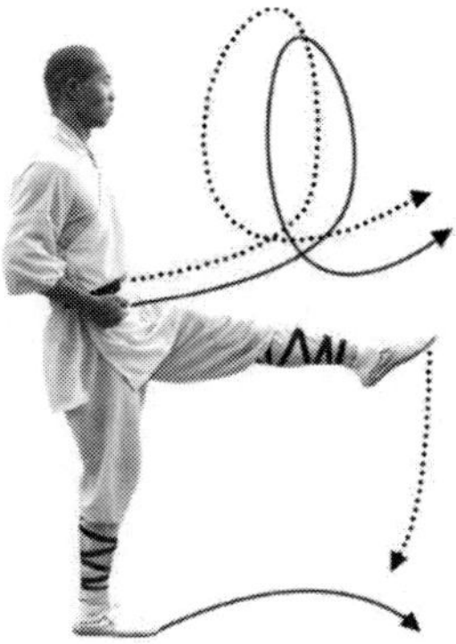

图 4

图 5

5.倒踢北斗

两脚跳起，身体向右转180度，抬右腿向前弹踢；同时两掌变拳，左拳架于左肋外侧，拳心向右，拳眼向下，右臂屈肘，右拳紧抱于左肋前侧，拳心向内，拳眼斜向上；目视右脚。（图6）

6.魁星抱斗

右脚在身体右侧落地，同时左腿提起，成独立势；两拳同时由左向右再向上向左在胸前画弧（左拳内、右拳外），然后右拳举于头上右侧，拳心向前，左臂屈肘，左拳护于右腋下，拳心向内；目视左侧。（图7）

图 6

图 7

7.野马转峰

右脚原地不动，左脚向前猛力弹踢；两拳不变；目视左侧。（图8）

8.恶虎登山

左脚落地，两脚踩地，身体向左转90度，左腿屈膝成左弓步；右拳由后向前直臂冲出，拳心向下，高与肩平，左臂屈肘，左拳抱于左肋前下侧，拳心向上；目视右拳。（图9）

图 8

图 9

9.猛虎出架（一）

两脚踩地，身体向左转180度，右腿屈膝成右弓步；在转身的同时，两拳由后向前分上下猛冲，左拳在上，拳心斜向下，右拳在下，拳心斜向上；目视前方。（图10）

10.猛虎出架（二）

两脚踩地，身体向左转180度，左腿屈膝成左弓步；在转身的同时，两拳分上下猛冲，左拳在下，拳心斜向上，右拳在上，拳心斜向下；目视前方。（图11）

图 10

图 11

11.鲁班拉钻

左脚不动，速抬右脚向前弹踢；同时左拳向前直臂冲出，拳心向下，右臂屈肘，右拳收回抱于右肋下，拳心向上；目视左拳。（图12）

12.恶虎掏心

右脚向前一大步落地，屈膝成右弓步；右拳猛力向前冲击，拳心向下，左臂屈肘，左拳收回抱于左肋下，拳心向上；目视右拳。（图13）

图 12

图 13

13.猛虎出架（三）

两脚蹍地，身体向左转180度，左腿屈膝成左弓步；在转身的同时，两拳分上下猛冲，左拳在下，拳心斜向上；右拳在上，拳心斜向下，目视前方。（图14）

14.猛虎出架（四）

两脚蹍地，身体向右转180度，右腿屈膝成右弓步；在转身的同时，两拳分上下猛冲，左拳在上，拳心斜向下，右拳在下，拳心斜向上；目视前方。（图15）

图 14

图 15

15.开关顶门炮

抬左脚与右脚并步站立，右拳迅速向前猛冲，拳心向下；左臂屈肘，左拳收回，左拳护于左肋侧，拳心向内；目视前方。（图16）

16.猴子拉犁（一）

左脚抬起，向后退半步，两脚蹍地，身体向左转90度，右腿屈膝，左脚点地，成左虚步；两臂屈肘，两拳在胸前交合，而后左拳向前挑击，拳心向后，拳眼向左，右拳迅速甩击于身后，拳心向下，拳眼向右；目视左拳。（图17）

17.猴子拉犁（二）

两脚向前踮跳一步，两拳不变；目视前方。（图17）

18.猴子拉犁（三）

两脚向前踮跳一步，两拳不变；目视前方。（图17）

图 16

图 17

19.战脚抢关

左脚跟落地，右脚由后抬起，向左脚前溜地前踢；同时右拳由后向前猛力挑击，拳心向左，左拳变掌由前向后拍击右臂内侧；目视右拳。（图18）

上述动作不停，右脚落地站稳，左脚抬起，由后向前溜地前踢；同时左掌变拳，由后向前猛力挑击，拳心向右，右拳变掌由前

向后拍击左臂内侧；目视左拳。（图19）

上述动作不停，左脚落地站稳，右脚抬起由后向前溜地前踢；同时右掌变拳，由后向前猛力挑击，拳心向左，左拳变掌由前向后拍击右臂内侧；目视右拳。（图20）

图 18

图 19

图 20

20.天王甩袖

右脚落地，两脚蹍地，身体向左转90度，抬左脚落于右脚后外侧半步成叉步；左掌变拳，两拳走胸前，向上向左下方画弧，然后迅速甩向右侧，两拳高与肩平，右拳心向外，左拳心斜向内；目视右拳。（图21）

21.敬德挥鞭

两脚向左横跳，右脚先震脚落地，左脚再向右脚前一步落地，屈膝成左弓步；同时左拳由右向左崩击，高与肩平，拳心向下，左臂屈肘，左拳收回抱于左肋下，拳心向上；目视左拳。（图22）

图 21

图 22

22.罗汉捧月

两脚蹍地，身体向左转90度，抬左脚原地震脚，右脚速抬起向前一步落地，屈膝成右弓步；两拳变掌向前猛推，掌心向前，掌指向上；目视两掌。（图23）

23.独立拜佛

左脚抬起，落于右脚前半步，右腿提膝成独立势；两掌不变，

掌心向前，掌指向上；目视两掌。（图24）

图 23

图 24

24.金鸡展踢

右脚前半步落地，抬左脚向前弹踢；同时两掌展开，右掌展于前，掌心向前，掌指斜向上，左掌展于左侧前上方，掌心向上，掌指斜向后；目视左脚。（图25）

25.双峰贯耳

左脚前一步落地，速抬右脚落在左脚前一步，屈膝成右弓步；两掌同时变拳，由两侧向前猛冲，两拳眼相对，拳心向下；目视两拳。（图26）

26.披身伏虎（一）

右脚踉地，稍右转，速抬左腿向前猛力蹬踢；同时两拳变掌向前后用力推击，左掌在前，右掌在后，两掌心向外，掌指向上；目视左掌。（图27）

图 25

图 26

图 27

27. 披身伏虎（二）

左脚前一步落地，速抬右腿向前猛力蹬踢；两掌同时收回在身前交合，再向前后用力推出，右掌在前，左掌在后，两掌心向外，掌指向上；目视右掌。（图28）

28. 披身伏虎（三）

右脚前一步落地，速抬左腿向前猛力蹬踢；两掌同时收回在身

前交合，再向前后用力推击，左掌在前，右掌在后，两掌心向外，掌指向上；目视左掌。（图29）

图 28

图 29

29. 披身伏虎（四）

左脚在右脚内侧落地，两脚迅速踝地，身体向右转180度，速抬右腿向前猛力蹬踢，两掌同时收回在胸前交合，再向前后用力推击，右掌在前，左掌在后，两掌心向外，掌指向上；目视右掌。（图30）

30.窝肚卡仓

右脚在前方一步落地震脚，屈膝成右弓步；两掌同时由外向内卡挤，两掌指斜向上；目视两掌。（图31）

图 30

图 31

31.张飞闯营

两脚蹍地，身体向左转180度，左腿屈膝成左弓步；两掌随转体由前向两侧后方甩劈，两掌心相对，掌指斜向下；目视前方。（图32）

32.白虎望路

右脚向前迈一步，成右弓步；两掌由身后向身前上方猛举，两臂稍屈肘，两掌心向内，掌指斜向上；目视前方。（图33）

图 32

图 33

33.狮子洗爪（一）

右脚不动，左脚抬起向前弹踢；同时右掌由上向下拍击左脚面，左臂屈肘，左掌收抱于左肋下，掌心向下；目视右掌。（图34）

34. 狮子洗爪（二）

左脚前一步落地，速抬右脚向前弹踢；同时左掌由上向下拍击右脚面，右臂屈肘，右掌拍于左上臂内侧，掌指向上；目视左掌。（图35）

图 34

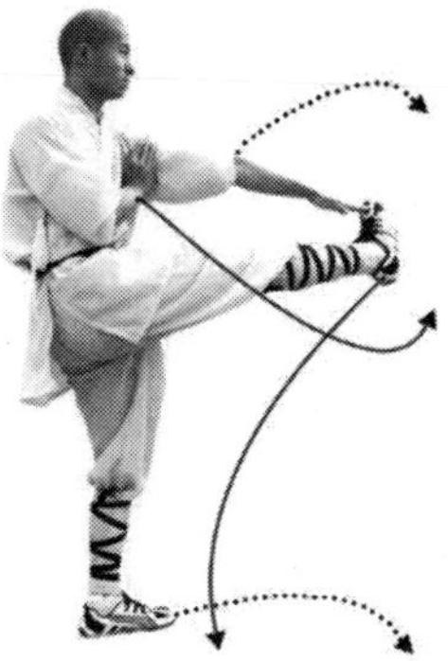

图 35

35.二龙交加

右脚向前落地震脚，速抬左脚落于右脚前一步，屈膝成左弓步；两掌迅速向前冲击，掌心向下，掌指向前；目视两掌。（图36）

图 36

36. 五花坐山

抬右脚上步，落于左脚内侧震脚，速抬左脚上前一步落地，两脚踩地，身体向右转90度，两腿屈膝成马步；两掌变拳，左拳下栽于左膝，拳心向后，拳眼向右，右拳横架于头上前方，拳心斜向上，拳眼斜向左；目视左侧。（图37）

上述动作不停，右拳由上向下栽于右膝，拳心向后，拳眼向左，左拳由下向上横架于头上前方，拳心斜向上，拳眼斜向右；目视右侧。（图38）

图 37

图 38

37.下海擒龙

两脚跳起，原地下落震脚，屈膝成马步；右拳同左拳同时下砸于裆前，两拳心向内，拳眼相对；目视前方。（图39）

38.青龙盘爪

两脚踩地，身体向右转90度，抬左脚向前弹踢；左拳变掌，由

上向下拍击左脚面，右臂屈肘，右拳收抱于右肋下，拳心向上；目视左掌。（图40）

图 39

图 40

上述动作不停，左脚前一步落地，抬右脚前弹踢；同时右拳变掌，由上向下拍击右脚面，左掌变拳，屈肘收回于肋下，拳心向上；目视右掌。（图41）

图 41

39.独立拜佛

右脚于左脚后半步落地，两脚踉地，身体向右转180度，提左腿成独

立势；两臂屈肘，两掌合掌，掌指向上拱于胸前；目视两掌。（图42）

40.飞上天堂

左脚不落地，右脚速抬起，向前上方弹摆；当全身腾空时，速出双掌由右向左拍击右脚面；目视两掌。（图43）

图 42

图 43

41.弯弓射雁

两脚落地，然后两脚踉地，身体向左转90度，右腿屈膝成右弓步；两掌落于胸前交合，左掌迅速推向前方，掌心向前，掌指向上，右臂屈肘，右掌护于右肋侧，掌心斜向下，掌指斜向上；目视左掌。（图44）

图 44

42.迷糊手

抬右脚移于左脚前半步成虚步；两手由外向内交合成下叉手，左掌在内，右掌在外，掌心斜向下，两掌指斜向前；目视前方。（图45）

上述动作不停，右脚向后撤一步，落于左脚后，身体向右转180度；两手分开，再交合于胸前成下叉手，右掌在下，左掌在上，掌心向下；目视两掌。（图46）

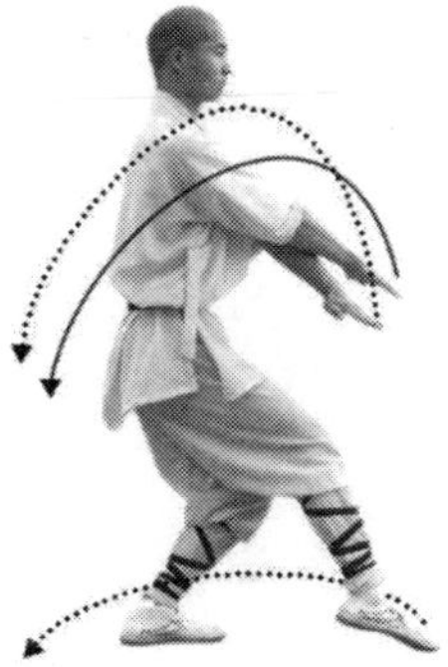

图 45

图 46

上述动作不停，左脚向右移步，落于右脚前半步成左虚步；两手同时向外旋腕，然后右手由下向上架于头上前方，掌心斜向上，掌指向左，左手由下向后甩成反勾手，勾尖向上；目视左侧方。（图47）

43.罗汉还礼

左脚撤步，与右脚并拢站立；右掌下落于胸前，左勾手变掌由后前穿在胸前，与右掌交合成下叉手，然后右掌由前向右再向上横

架于头上前方，掌心向上，掌指斜向左，左掌由前向上向左再向下端于腹部，掌心向上，掌指向右；目视前方。（图48）

图 47

图 48

44.罗汉合十

两脚不动；左掌上举，与右掌共同外展，向两侧画弧，再向下向里上抱于胸前，成十字叉手，左掌在内，右掌在外，两掌心向外，掌指向上；目视前方。（图49）

收　势

两脚不动；两掌下落再向外向上向里画弧，然后下落于两胯外侧，掌心向内，掌指向下；目视正前方。（图50）

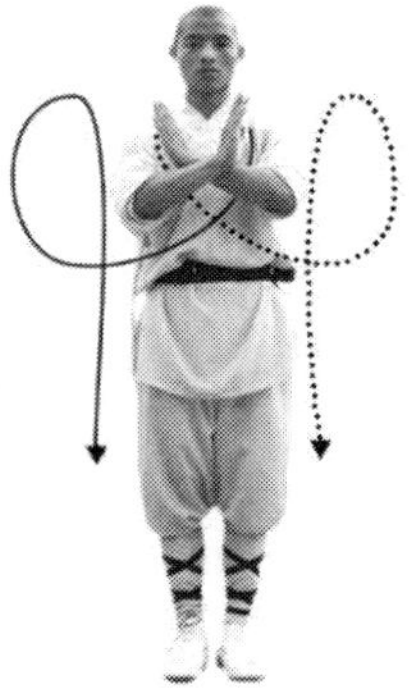

图 49

图 50